AF360350

N.B. il n'y a que deux Exemplaires, Sur cette Sorte de papier /.

JETONS

DES

VILLES ET MAIRES

DE DIJON, BEAUNE ET AUXONNE.

Ces planches sont destinées à orner une *numismatographie des villes et Maires de Dijon , Auxonne et Beaune ,* que *M. Amanton* se propose de publier incessamment.

Il n'a été tiré provisoirement que 20 exemplaires de ce *Recueil ,* dont la planche allégorique qui en forme le frontispice , est avant la lettre, savoir : 4 exemplaires sur papier vélin grand raisin, 11 sur papier vélin d'une plus petite dimension, 2 sur papier rose , 1 sur papier bleu , 1 sur papier couleur de chair, et 1 sur papier pistache.

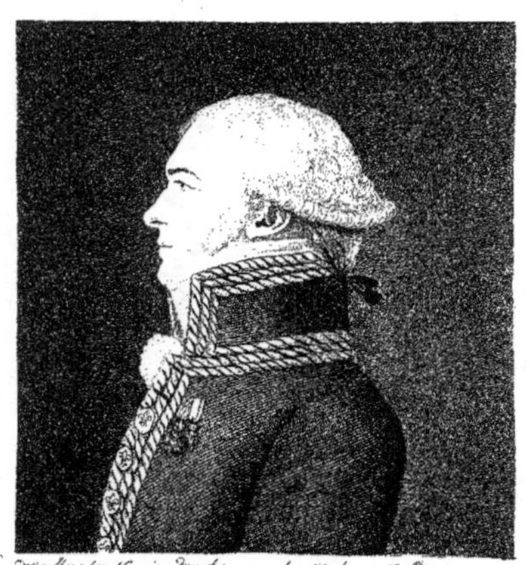

C. N. Amanton.

Né le 20 Janvier 1760.

RECUEIL

DES PLANCHES GRAVÉES

D'APRÈS LA COLLECTION

DES JETONS

DES VILLES ET MAIRES

DE DIJON, BEAUNE ET AUXONNE,

TIRÉE DU CABINET

DE C. N. AMANTON.

..... Monumentum aere perennius.
HORAT. *lib.* III, *od.* XXX.

A DIJON.

1814.

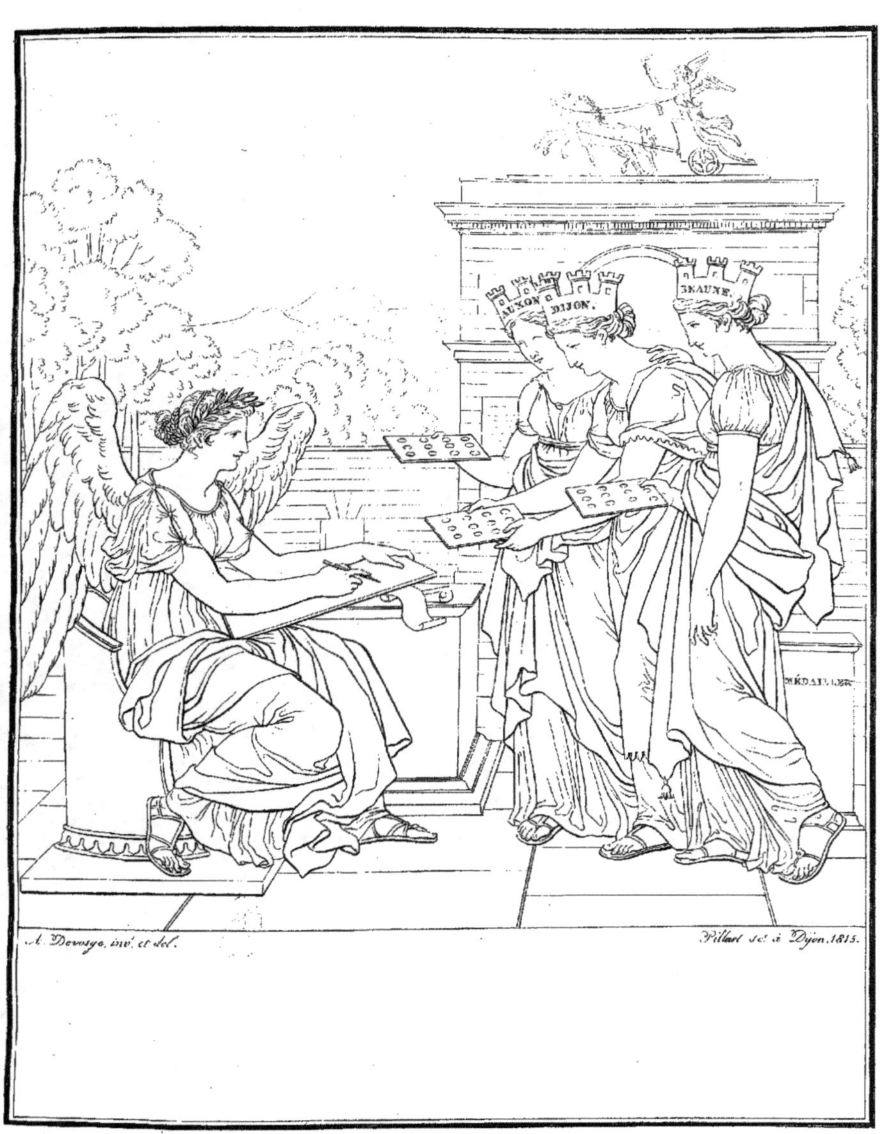

AUXON
DIJON
BEAUNE
MEDAILLER
A. Devosge, inv. et del.
Pillart sc. à Dijon. 1815.

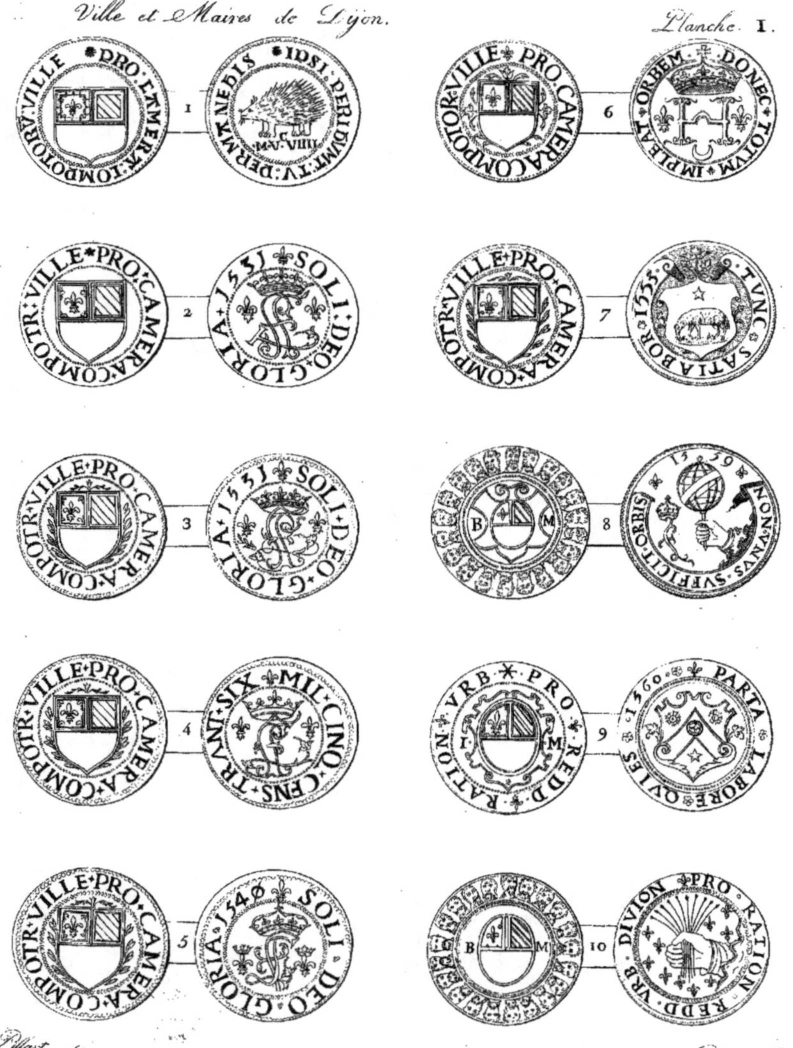

Pillart. sc

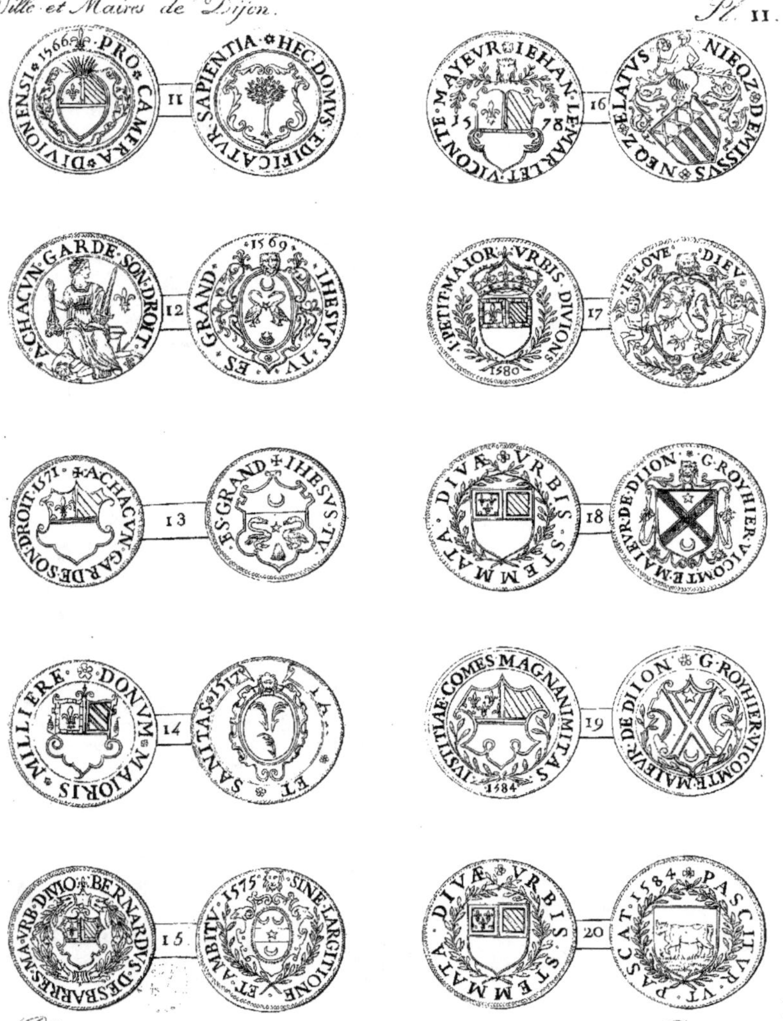

Pillart Sc.   Dijon 1813

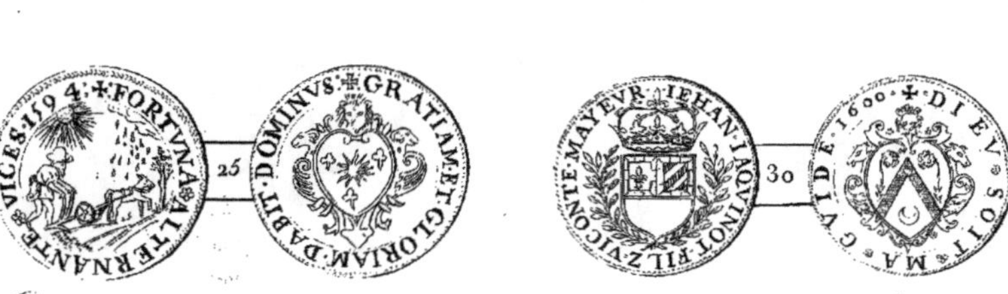

Pillart. Sc.   Dijon 1813.

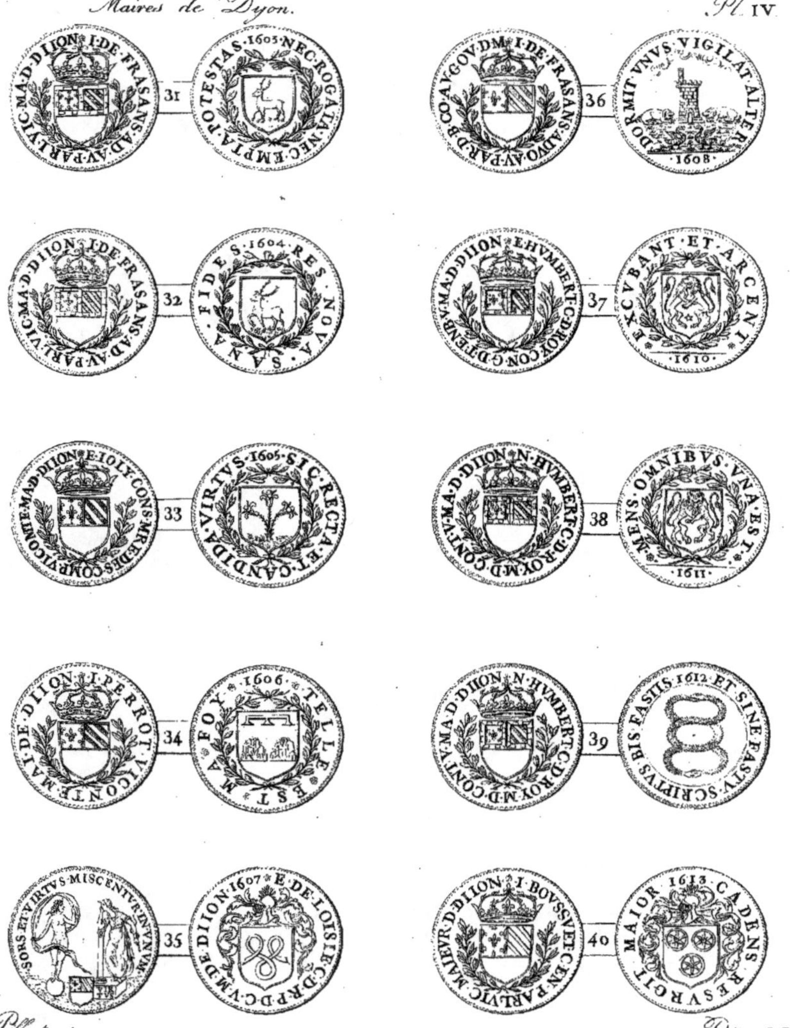

Pillart Sc.   Dijon 1813.

Maires de Dijon.
Pl. V.

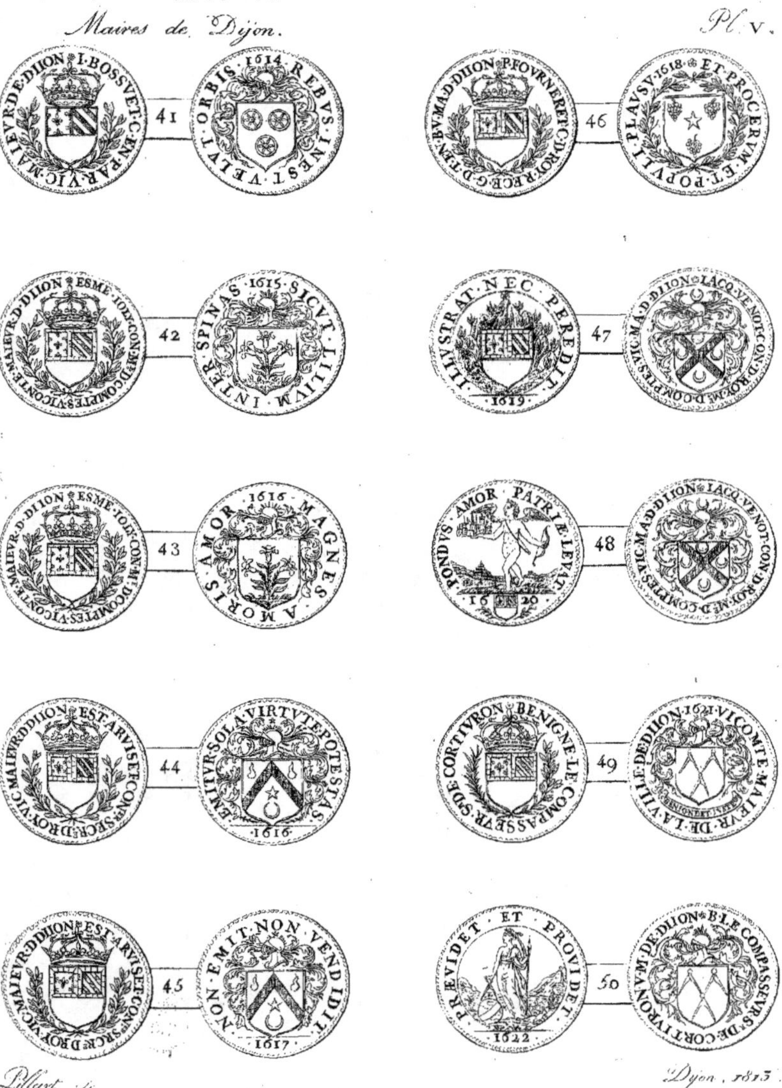

Pillart. Sc.
Dijon, 1813.

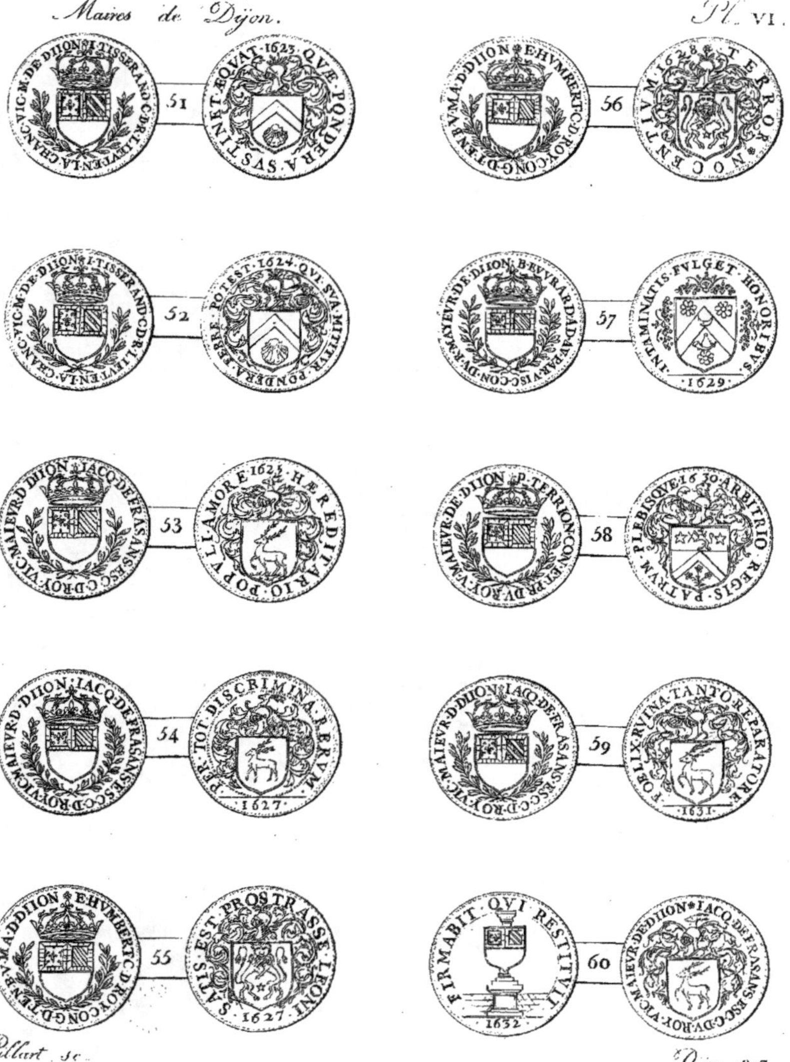
Pl. VI.

Pillart sc.
Dijon 1813.

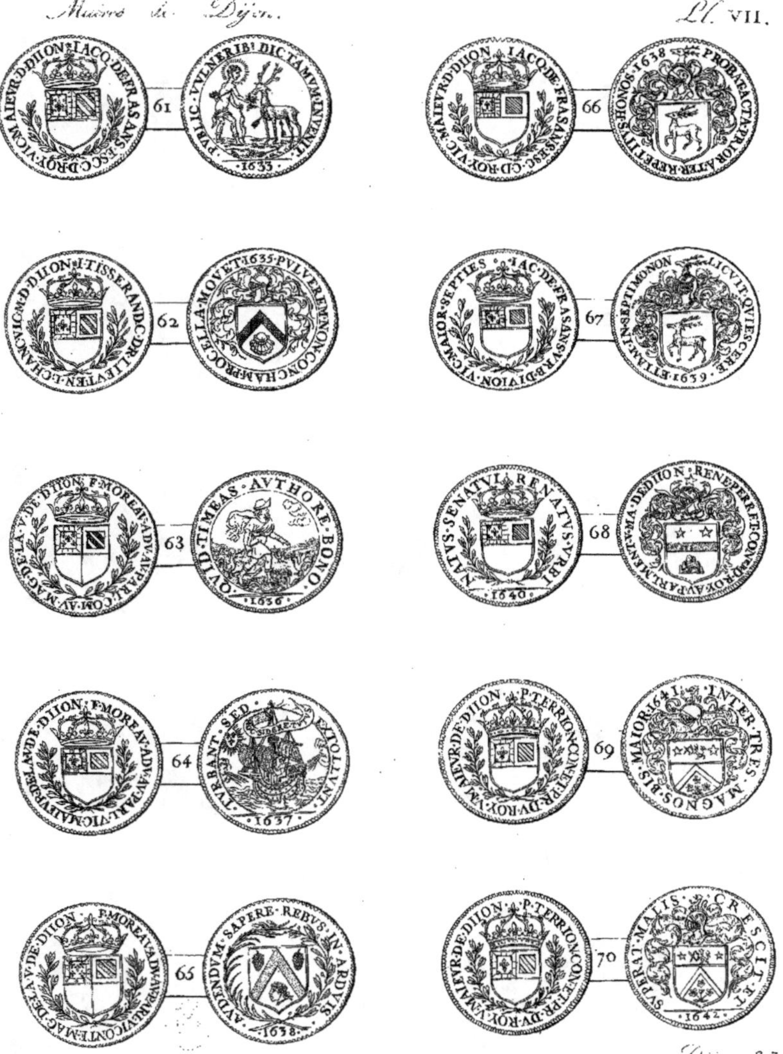

Pillart. Sc.

Dijon. 1813.

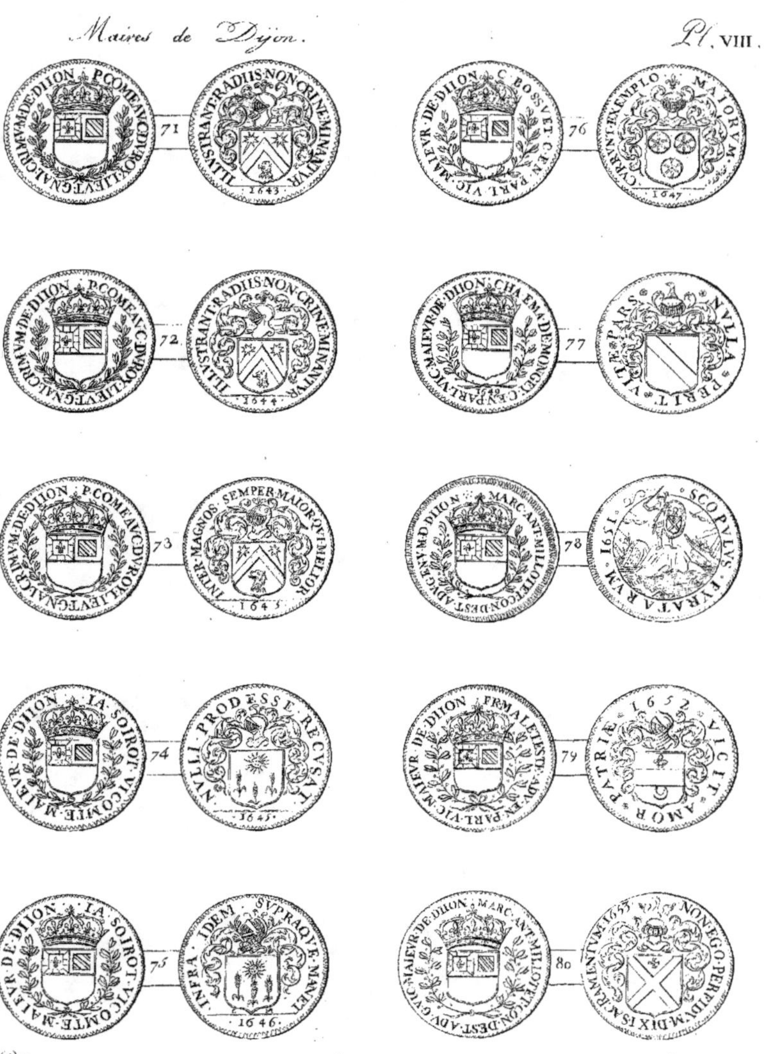

L.Mart. sc.   Dijon. 1813.

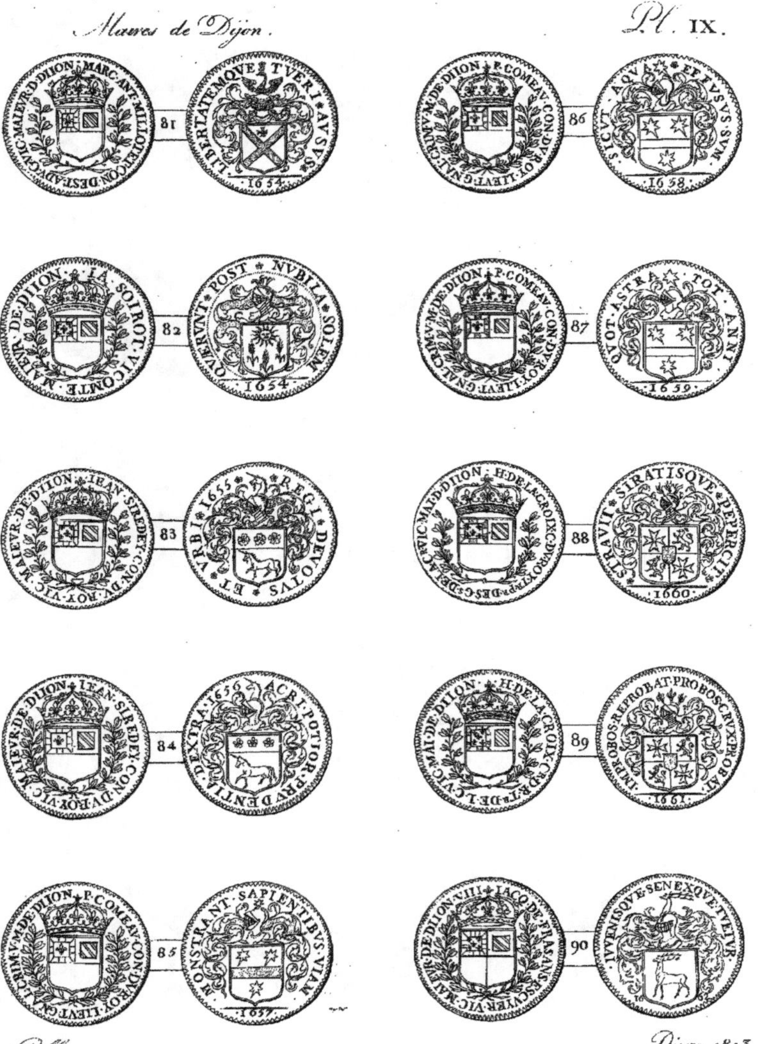
Pillart, sc.
Dijon, 1813.

Maires de Dijon.

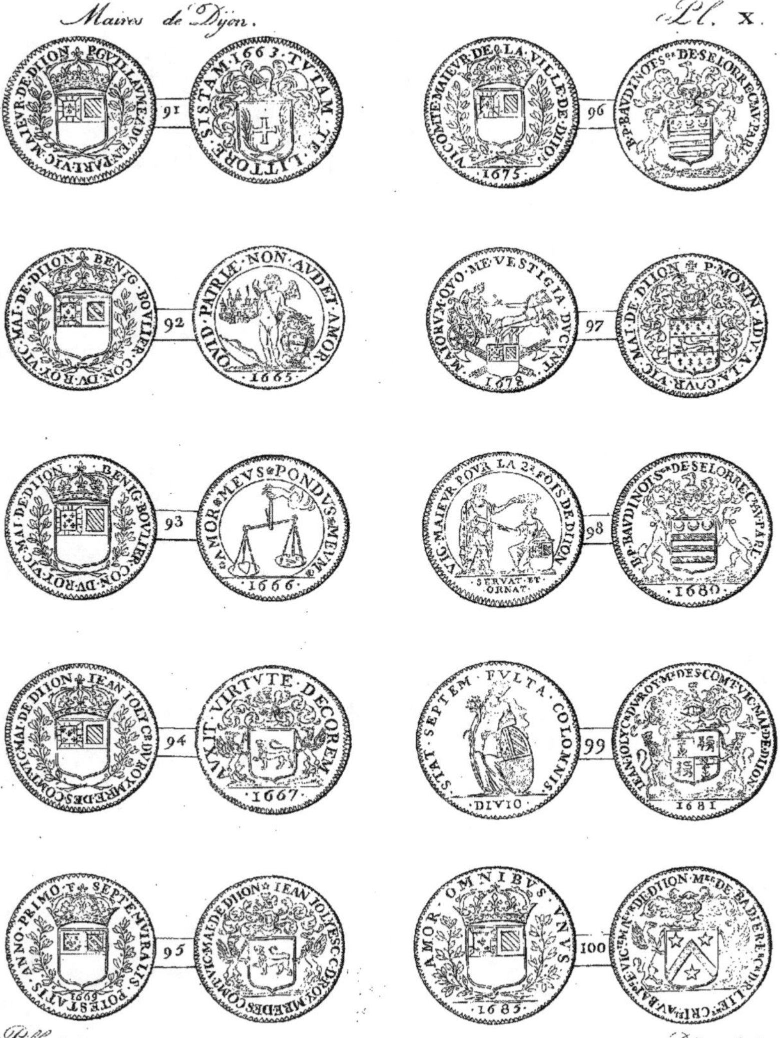
Pl. X.
91
96
92
97
93
98
94
99
95
100
Pillart, sc.
Dijon, 1813.

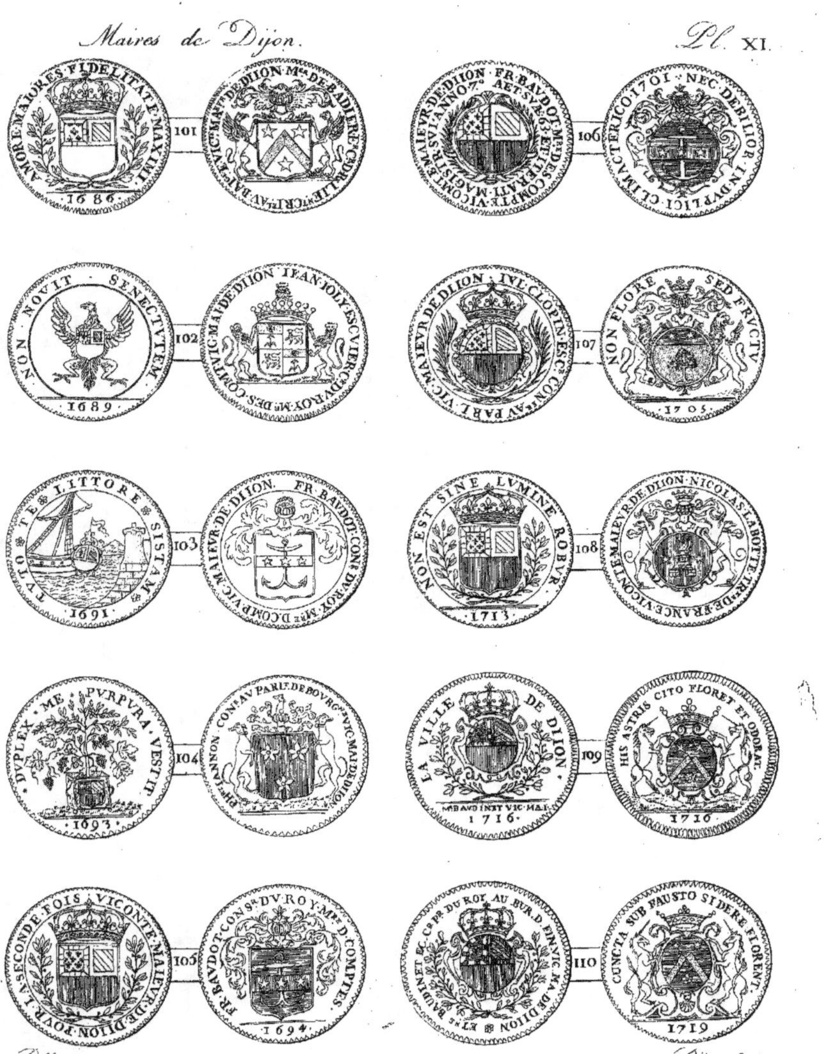
Maires de Dijon.
Pl. XI.
Pillart. sc.
Dijon, 1814

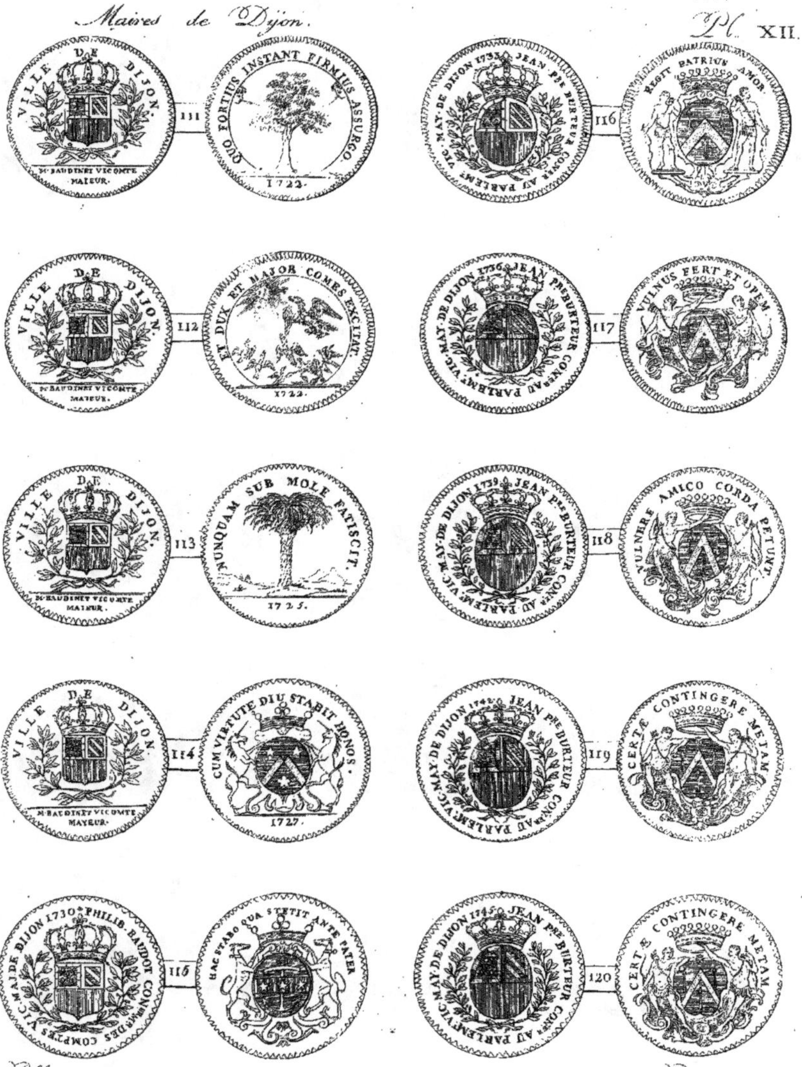

Pillot, sc.

Dijon., 1814.

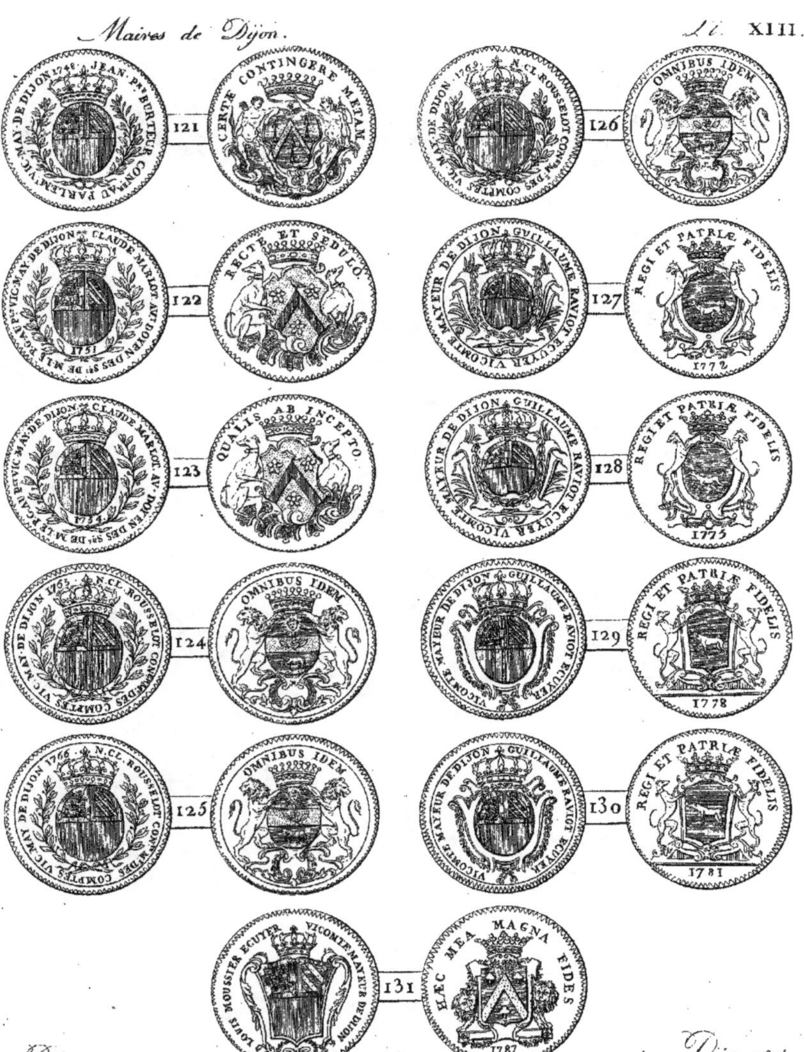

Pillart. Sc.   *Dijon,* 1814.

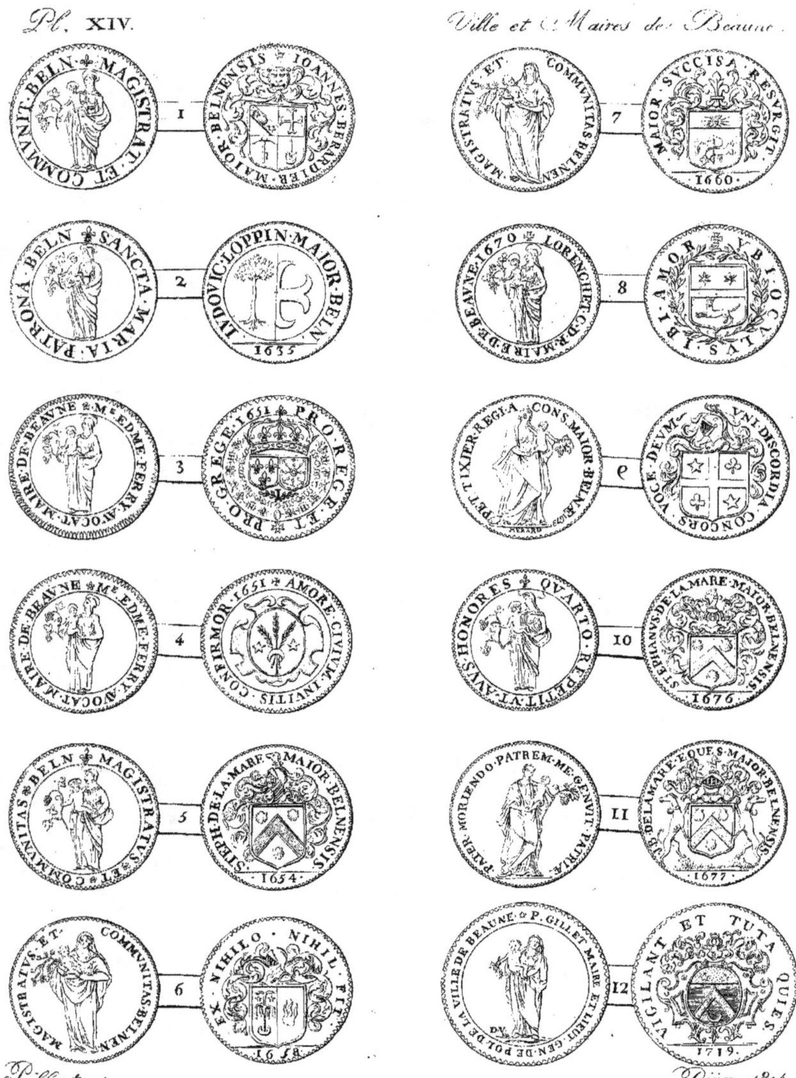

Ville et Maires de Beaune.

Ville et Maires d'Auxonne.

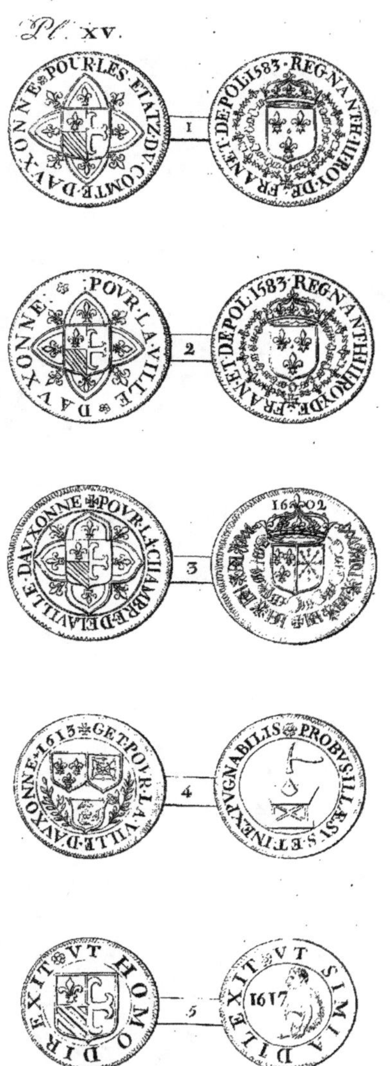

Dijon. 1815.